Ankahee Kahaaniyan

- Unspoken and Unheard

Karsimran Kaur

BookLeaf Publishing

India | USA | UK

Made with ❤ on the BookLeaf Publishing Platform
www.bookleafpub.in
www.bookleafpub.com

Dedication

These poems are dedicated to all those wonderful beings whose journey never allowed them to fit in as per the worldly expectations!

Acknowledgments

A special thanks to my overthinking, which made me a writer before life actually happened.

My heartfelt gratitude to all those imaginary characters who came into my life, for the longest or shortest times. Unknowingly so, their words and dialogues turned me into a writer.

Preface

Ankahee Kahaaniyan - Unspoken and Unheard was an initiative by a bold introvert to express herself in her own way. These poems, a mix of English and Hinglish, are a reflection of all those wonderful people, who do not feel the need to gain validation from the outer world. They are written in the hope that they will bring back a memory for every reader.

Proud Imperfectionist

Imperfections gave her wings to dream,
In a parallel universe, she is a happy scream,
The one who lights up everyone's life,
She is not afraid to lead the drive.

But reality differs, as though she suffers,
The storm has turned down to a calm,
She is making peace with her miseries,
But has lost the charm she wore on her
sleeves.

Content she is, but not striving for more,
Keeping everyone happy, she forgot to keep
own joy's score,
She smiles so no one gets to know,
That the one showering love to the world, has
lost her glow.

Pehli Udaan Ka Saathi

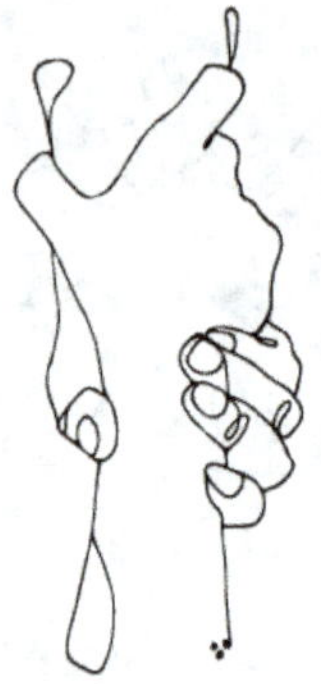

Vo pehli akeli si raat,
Vo darii hui si ik shurvaat,
Vo jab haste huye din jaate the beet,
Vo jab toot jaati thi aakhri umeed,
Vo ghazlon main doobi hui raatein,
Vo kabhi naa khatam hone vaali baatein,
Vo gamm main saath nibhaana,
Vo der raat tak hasii ka fasana,
Vo harr choti nok jhok,
Vo pyaar bhari rok tok,
Vo binn bole samajhne ki taakat,
Vo dard main dilaasa dene ki himmat,
Vo ik duje ke sapnon ko naa hone dena choor,
Kabhi naa bhulaa paayenge tumhe, chahe
benaam rahein ya ho jaayein mashhoor!

Proposed Courage - what every woman expects

When the universe gives me options to choose
from,
I always choose the one that helps me fly,
Whether it makes me laugh or cry,
But encourages me to forever try and try,
The gaps not filled keep skepticism thrived,
This journey will be a task to survive,
I propose not just a marriage,

But to start with a combined courage,
I know this road will have ups and downs,
There are bound to be certain frowns,
It's hard to start with clichés around,
But I have begun to trust the friendship
found.

I cannot assure if the heart will fall,
Though I am looking at standing tall,
Not to just be a wife or better half,
But also to enhance the laugh,
I propose to you to accept my craziness,
With an equal proportion of laziness,
This girl here strives for truth and respect,
Of the two, just one she can't select,
It was hard for me to take this decision,
But I live a life of precision,
Once committed, there is no going back,
Will try my best to not have a lag.

Not as romantic as others,
This little poetess writes to you,
Taking a chance at life and destiny,
I gather the courage to ask a due,
Will you be able to tolerate me for life?

And do you think we will survive?
For when the universe will give me options to
choose from,
I will still choose the one that makes me fly,
Hoping that you will stand along,
When it makes me laugh or cry!

Hum Jaisi

Dard inka kisiko dikhta nahi,
Aasun inka biktaa nahi,
Zakhm inke bharne koi aata nahi,
Rishte ke farz koi nibhaata nahi.

Ek bech kar chala jaata hai,
Dusra paise faink kar laabh kamaata hai,
Humdardi inse koi karna chahta nahi,
Marte kahi aashiq hai par inke liye koi sar
jhukaata nahi.

Koi vaishya kehkar shareer noch leta hai,
Koi bazaaru kehkar mazak bana jaata,
Humari tarah dikhte, humari vajah se bane,
Phir bhi na jaane kyun humain inse nazar
milaana nahi aata!

Hope

They say hope is a strange thing,
But that is what gives her dreams a wing,
Where most want to conquer the world by
being cunning,
She still believes that honesty is stunning.

The reality at times weakens her faith,
But those who walk on the path of integrity,
are usually late,
The big bad world will always want her to
achieve it all,
But she is certain to stand tall.

While the world is turning trashy,
There is no need for her to be flashy,
She is strong and follows her heart,
Even if it calls for a new start.

She strives to always rise and shine,
And never fall in the typical line,
No one can ever dim her light,
Each day she fights to yet again be bright.

Naastik ki Dua

Jaante hain ki hum hai thode nadaan,
Bhool ho jati hai kabhi, aur kabhi ho jaate hai
bayimaan,
Nahi aata humain bhaavnaon ko shabdon
main bayaan karna,
Aasan nahi hoga aapke liye hum jaise shaqs
par marna,
Daat dete hain ki aap iss qadar saath khade
hone ko raazi ho,
Hum hazaar dafa ruthein to bhi manane ko
raazi ho.

Hum mohabbat ko apna muqaddar nahi
maante,
Par apni zindagi main aapki ahmiyat har dum
hai pehchaante,

Galtiyon se lipte hum to jiye jaa rahe hai,
Aur aap humaare liye muskuraa kar apna
gamm piye jaa rahe hain,
Jaante hain ki hazaaron aibon se bane hai
hum,
Par koshish hai ki kabhi naa de aapko koi
gamm.

Yun to khabar nahi ki zindagi kahan le jaane
ki chah rakhti hai,
Yakeen hai par ki aapke saath har anjaan raah
paar ho sakti hai,
Aap jhukkar sajda karte hain, aur hum khuda
main bhi nahi maante,
Par ek aap hi hain jo inn muskuraati aankhon
ke peeche ka dard hai jaante,
Aap khafaa hote hain to zindagi khaali si lagti
hai,
Ki aapki hasi ke liye aaj ek dua to ye naastik
bhi maang sakti hai.

Not Rajma Chawal

Chooses street food over a five-star,
Long drives over shopping,
Trying to start all over again,
But make-up is not her way of coping.

Has the power to forgive but never forget,
Surrounded by trauma inside, still love is
what others get,
The smile is for everyone, laughter for the
special cases,
Aching in pain, she spreads hope for those
lost in mazes.

Willingly made the hard choice of being
different,

When most of her actions face resentment,
Aware of not being the first choice for
majority,
Proudly takes the shots to stand correct and
in authority!

Nazariyaa

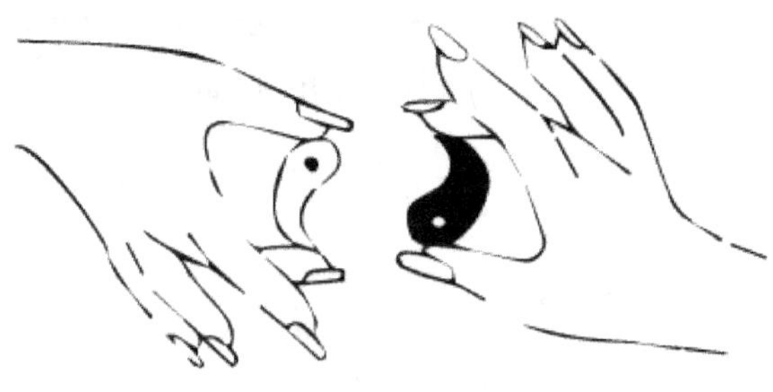

Khatti meethi kahaniyon se banii hai zindagi,
Harr panne ki apni alag khwaaish hai,
Koi vajood dhundne nikla to koi ruh se
mulakaat ki talaash main,
Harr modd par khadi ek nayi guzaarish hai.

Koi mohabbat ko akaar dene ki aagas main,
Koi banjaara kehlane ke liye taare tarashe
akaash main,
Koi tasveeron main lamho ko qaid karke
muskuraaye,
Koi harr lamhe ko mehsoos karta, apni
aankhon se apni khushi jataaye.

Zindagi sabke liye ek jaisi hone ko naa raazi,
Kissi ke liye ishq badaa, to kissi ye liye kaazi,

Harr koi ek hi panne par apni marzi ka shabd
padta hai,
Bakaamal hai prakriti tera rang, koi tujhse
darta to koi ladtaa hai.

Ace of Spade

She stood tall when the world tried to push
her behind,
She did not let the harsh realities play with
her mind,
When all odds were against her and there was
no hope,
She fought back with a smile and created a
new path full of scope,
She did not let destiny decide her fate,
She fought like a warrior and won like the
Ace of Spade!

Aaj ka Manushya

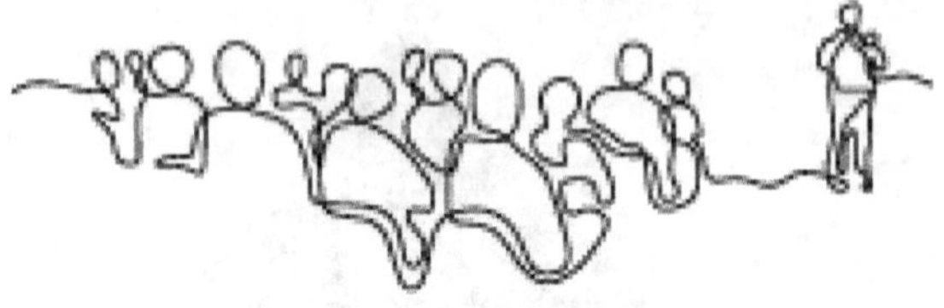

Bheed ka hissa rehna hai par kinaara bhi
dhundna chahta hai,
Tasveeron main lamho ko kaid karna hai par
harr lamhe ko jeena bhi chahta hai,
Samaaj se judkar rehna hai par sabse alag bhi
lagna chahta hai,
Dusron se aage rehna hai par sabko saath
lekar bhi chalna chahte hai,
Jaat paat ke naam par haath uthana hai par
barabari ka daur bhi chahta hai,
Wafaa shabd sunkar hasna hai par mohabbat
bhi karna chahta hai,
Nayaab hai aaj ke duar ka manushya,
Kala pasand hai par kalakaar banne se
ghabraata hai.

Farz ya Ishq

Ishq chahiye tha, karz bann kar reh gaye,
Humne tumhe duniya maana, par hum
tumhaare farz bann kar reh gaye,
Kabhi humare ek aansun se tumhe ho jaati thi
fikr,
Aaj shikvaa bhi kare to palat kar puchte nahi
kis baat ka kiya zikar.

Aisa nahi hai ki tumhari deewangi kamm hai,
Par tumne saajhedari ko zimendaari maana,
iss baat ka gamm hai,
Harr waqt darr sataata hai tumhare dur chale
jaane ka,

Naa jaane kab iss qadar haqq de diya tumhe,
hume rulane ka.

Koi shikaayat nahi hai tumhare saath bitaaye
lamho se,
Parr ab lagta hai jaise mann bhar gaya hai
tumhara humaare shabdon se,
Nayi duniya main kadam rakha tha tumhaare
bharose,
Beech raaste main haath chod rahe ho tum,
naa jaane kis aur ke hoke.

Pehli baar qismat par yakeen aaya tha jab
tumse mohabbat ki thi,
Kaash tumne ye samjha hota,
Ki tumhare liye kis hadd tak khudse ladai
ladii thi.

Refuse to Fit in

Her elegance still lies in her smile,
She though has been fighting the world for a
while,
Graceful is what she likes to be called,
Those fake standards of beauty make her feel
appalled,
She's neither a queen nor wishes to be one,
Wants to head back to where her happiness
had begun,
Her injuries are grave and the scars won't go,
She deliberately steps out without makeup,
for the world to know,
Can't seem to conform to the norms of the
society,
Living a life without filters does not make her
a woman of vacuity!

Choti Umar Main

Umar to choti si thi,
Par jaldi sayaani ho gayi,
Ghaav ek na tha shareer pr,
Par khushi begaani ho gayi,
Duniya ke liye muskuraati vo chali,
Par aankhein gehraayiaan naapne lagi,
Jo puchte the gamm ki vajah,
Unse zakhm phir vo chipane lagi,
Aane vaale kal ka sochkar, vo thoda ghabrane
lagi,
Par zimmedariyon ke tale dabii hui,
Vo apne gamm bhulane lagi,
Aashayein to kayi thi dil main uske,

Par ab vo unhe dabaane lagi,
Toota jo tha bharosa uska,
Uss dard main vo khudko gavaane lagi,
Humesha dil ki sunne vaali, dimaag se kaam
lene lagi
Uss ek shaqs ki ruswai se, zindagi bhar ke
rishton se ghabraane lagi.

Where does she belong?

Born with a silver spoon,
Restricted to not dream about reaching the
moon,
Told very early in life that someone else's
house is where she belongs,
Little did she know she would soon be sent to
an unknown land, singing a melody of songs.

She stepped into that someone's house with
complete faith,
Only to realize that there as well, she was just
someone else's bait,
Baffled by the dynamics of the world, she is
looking for an explanation,

If none of the house is hers, why is she
worshipped as the daughter of the nation?

Half her life went by trying to prove her
worth,
Expected to live for others, struggling for love
right from her birth,
She dreams of building her own house one
day,
So when told she is someone else's burden,
she has a place to stay!

Waqt

Kabhi waqt nikaal kar waqt ko bhi samajh lo,
Kayi raaz hain ismain, kayi kisse hai iske,
Kisi ke liye har pal bhaari to kisi ke liye saari
zindagi adhuri,
Zaraa ruk kar ek baar hass lo,
Kabhi waqt nikaal kar waqt ko bhi samajh lo.

Waqt ki kahaani hai ajeeb, koi naa jaane kab
kya nasseb,
Hai uljhaane ki taqat ismain, kar sakta hai sab
khatam,
Naa jaane waqt ki kya hai marzi, har koi padd
jaata iske aage kamm,
Kabhi to theher kar iske kisse parr lo,
Kabhi waqt nikaal kar waqt ko bhi samajh lo.

Dard main beete hi naa, Khushi main
achaanak khatam,
Koi naa jaane waqt ki kahani, mudkar le aata
hai itne gamm,
Ek baar muskuraa kar iski taareef karlo,
Kabhi waqt nikaal kar waqt ko bhi samajh lo,
Kabhi hum iske mohtaaj to kabhi ye humaara,
Ek baar thamm kar iska haath pakad lo,
Kabhi waqt nikaal kar waqt ko bhi samajh lo!

Aakhri Mulaqaat

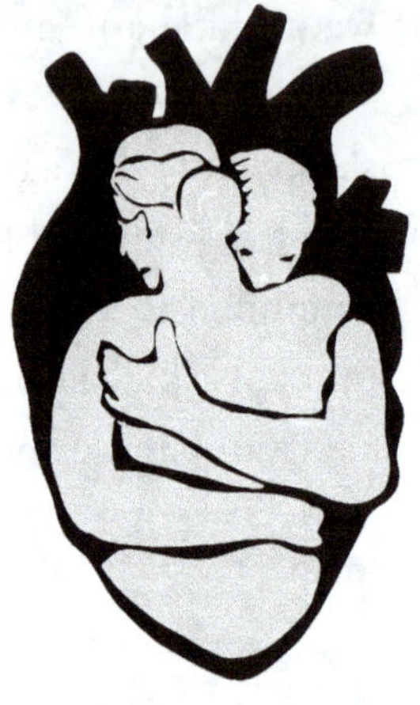

Aate waqt muskuraahat naa thi,
Theek se mile binaa yun hi baith gaye,
Thodi chuppi, thodi hichkichahat thi,
Bahut kuch kehna tha par lafz naa mile,
Aakhein churaakar vo baat kar rahe the,
Humaare puchne par bhi vo kuch kehne se
darr rahe the,
Pehle jaisi muskaan unke chehre par naa thi,
Kuch badal gaya hai hum samajh rahe the,
Jab kaafi der tak koi baat naa hui,
To humne himmat karte huye puch hi liya,
Aakhri baar mil rahe ho kya?

Zindagi Kaisi Hoti Agar

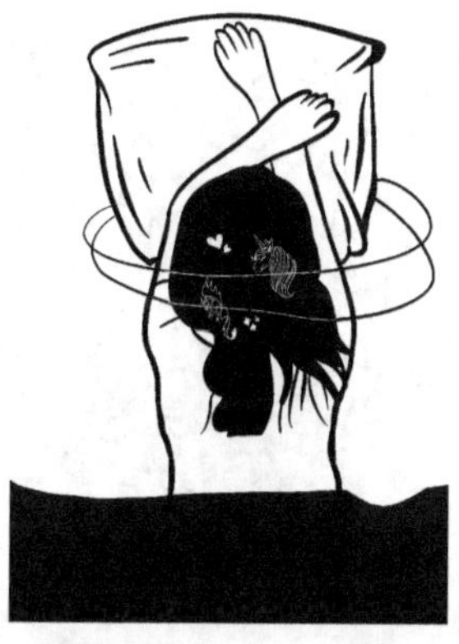

Zindagi kaisi hoti agar,

Muskuraane ki wajah mili hoti,
Tujhe bhulaane ki wajah mili hoti,
Thoda aur hasaane ki wajah mili hoti,
Ghar vaapis jaane ki wajah mili hoti,

Bichdon ko milaane ki wajah mili hoti,
Kisi gumnaam ki zindagi sawaarne ki wajah
mili hoti,
Tumhe vaapis laane ki wajah mili hoti,
Ek baar aur bachpan jeene ki wajah mili hoti,

Zindagi kaisi hoti agar...

Heer Ranjha

Har kahaani heer ranjha ki nahi hoti,
Kayi vo hain jinki daastan kabhi shuru na ho
saki,
Kahin vo jinki kahani beechmain aakar ruki,
Kayi ek tarfa pyaar ko zindagi maan kar chale,
Kayi pehli mohabbat se aage hi naa bade,
Kayi aaj bhi ishq ko khudaa maante hai,
Kayi hai jo iske mayine hi nahi jaante hai,
Kayi mohabbat main hi duniya basaa lete hai,
Kayi usse bachne ke liye apne chaaron aur
deewar banaa lete hai,
Kisi ke liya puri duniya to kisi ke liye panauti,
Har kahaani heer ranjha ki nahi hoti.

Pehli Baar

Kuch pal khaali the aaj sochne ke liye,
Unn lamhon ke baare main jo maine gavaa
diye!

Vo school ka pehla din,
Nayi duniya main kadam rakha maa baap ke
binn,
Vo jo pehla yaar banaaya,
Jiska dabba binn puche hi khaaya,
Vo jinke saamne pehli baar nazrein jhukaayin,
Par dosti se aage baat hi naa badd paayi,
Vo pehli mehnat ki kamaayi,
Jo yaaron ke saath khushi baantne main
gavaayi.

Aaj harr tarah ka sukoon hai,
Par kuch khoyaa sa mera junoon hai,
Kyunki naa ab vo yaar hain,
Naa hi PEHLI BAAR hai.

Kuch pal khaali the aaj sochne ke liye,
Unn lamhon ke baare main jo maine gavaa
diye!

Innocent Fondness

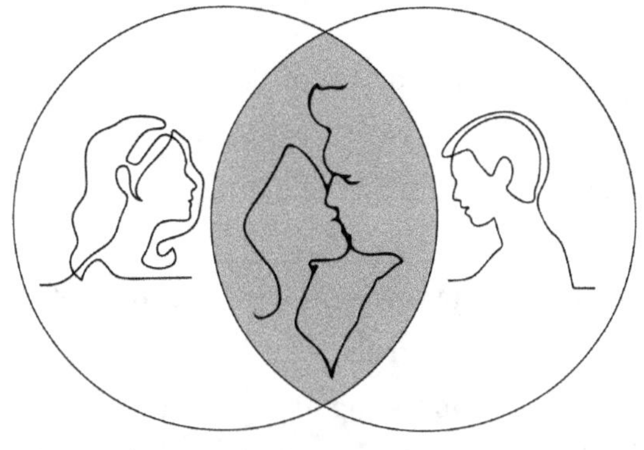

In all innocence, he came to say hi,
Dying to make eye contact, she back then was
very shy,
A gentle tap on her shoulder made her nod in
awe,
He smiled like a fool seeing the dropping of
her jaw.

Their bond soon got the name of friendship,
Connections deepened with every meet and
trip,
The world witnessed what the lovebirds could
not confess,

Numb she stood when he finally gathered the
courage to profess.

While every organ of hers wanted to
reciprocate,
Destiny made sure of closing even the last
gate,
Years later she saw him with his forever and
turned blanch,
Still not confessing and giving the same
foolish smile, she extended an olive branch!

Not Over Yet

A part of her was never healed,
Wounds were gone, but the pain sealed,
She now sees hope through the window,
Her scars stop her from accepting the glow,
Each morning she convinces herself to live
again,
But the silent nights bring back the strain,
She refuses to give up now and forever,
Just longs for a selfless hug to put back her
pieces together,
She does not need a knight in her shining
armor,
Striving to succeed every day, she plans to kill
it with her demeanor!